a a a a a

d d d d d

an artistic dog

aa aa

ad ad ad ad ad add

dd dd

da da da da da dad

add dad

1

Overhill Letters

c c   o o

c   *c*   *c*   *c*

o   *o*   *o*   *o*

a cold octopus

cc   *cc*

co   *co*   *co*   *co*   *co*   *cod*

oo   *oo*

od   *od*   *od*   *od*   *od*   *odd*

cod   *odd*

Overhill Letters

g g   q q

a good quail

g   g   g   g

q   q   q   q

gg   gg

go   go   go   go   go   good

qq   qq

aq   aq   aq   aq   aq   aqua

good   aqua

Overhill Letters

Name

n n m m

n   n   n   n

m   m   m

a noisy monkey

nn   nn

no   no   no   no   nod

mm   mm

ma   ma   ma   ma   man

mod   man

V N X X

N N N N

X X X X

a vulture's xylophone

NV NV

NA NA NA NA NAN

XX XX

OX OX OX OX OX BOX

VAN BOX

Overhill Letters

y y y y

yy zz

z z z z

a yawning zebra

yy yy

ya ya ya ya yam

zz zz

zo zo zo zo zoo

yam   *zoo*

i i e e

i i i i i

e e e e e

an intelligent elephant

ii ii

ig ig ig ig ig dig

ee ee

eg eg eg eg eg egg

dig   egg

Uphill Letters

u u u uu

u u u u

w w w

an upside-down walrus

uu uu

qu qu qu qu quiz

ww ww

wi wi wi wi wig

quiz wig

rr ss

r r r r r

s s s s s

a sleepy raccoon

rr rr

ru ru ru ru ru run

ss ss

su su su su su sun

run   sun

Uphill Letters

j   j   j   j

p   p   p   p

jj   pp

a juggling pig

jj   jj

ju   ju   ju   ju   ju   jug

pp   pp

pa   pa   pa   pa   pan

jug   pan

t tt tt

t t t t

l l l l

tt tt

ti ti ti ti ti tin

ll ll

la la la la la lamp

tin lamp

a leaping turtle

Uphill High Letters

bb ff

b   b   b   b

f   f   f   f

a baby frog

bb bb

bl bl bl bl bl blue

ff ff
fa fa fa fa fa fast

blue   fast

hh kk

h h h h h

k k k k k

hh hh

ho ho ho ho ho hop

kk kk

ke ke ke ke ke key

a hungry kangaroo

hop key

Uphill High Letters

Name

Trace and write the lowercase letters.

a   b   c

d   e   f

g   h   i

j   k   l

m   n

o   p   q

r   s   t

u   v   w

x   y   z

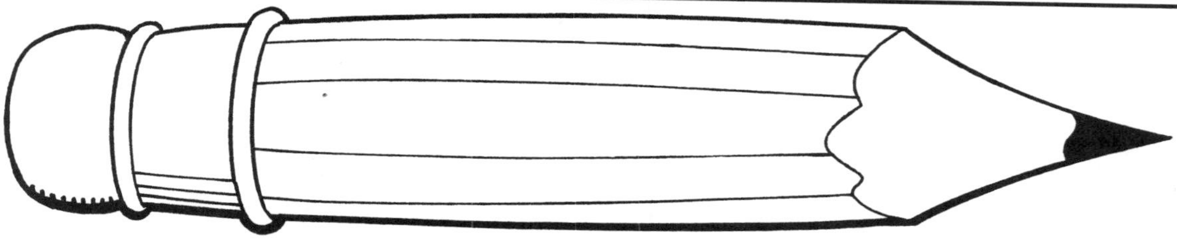

Name

A a a a

Aa Oo

O O O O

Amy Owen's apron

A a   O O

Am Am Am Amy

Ow Ow Ow Owen

Amy Owen

15

Name _____

C C E E

C   C   C   C

E   E   E   E

Eric Cline's coat

C   C   E   E

Er   Er   Er   Er   Er   Eric

Cl   Cl   Cl   Cl   Cl   Cline

Eric Cline

N N   M M

n   n   n   n

m   m   m   m

n   n   *m   m*

Ma   Ma   Ma   Mary

Na   Na   Na   Nash

Mary Nash

Mary Nash's medal

H H K K X X

H H H H H

K K K K K

X X X X X

Ken Xavier Haw's house

Ke Ke   Ken

Xa Xa   Xavier

Ha Ha   Haw

Ken Xavier Haw

$\mathcal{V}$ $\mathcal{V}$ $\mathcal{W}$ $\mathcal{W}$

$\mathcal{V}$ $\mathcal{V}$ $\mathcal{V}$ $\mathcal{V}$

$\mathcal{W}$ $\mathcal{W}$ $\mathcal{W}$ $\mathcal{W}$

Will Vaughn's violin

$\mathcal{V}$ $\mathcal{V}$ $\mathcal{W}$ $\mathcal{W}$

Wi Wi Wi Wi Will

Va Va Va Va Vaughn

Will Vaughn

19

Name

U U Y Y

U U U U

Y Y Y Y

Yolanda Unger's uniform

U U   Y Y

Yo Yo Yo Yo Yolanda

Un Un Un Un Unger

Yolanda Unger

Q 2 Zz

2 2 2 2

z z z z

Zach Quinn's quilt

2 2 z z

Za Za Za Za Zach

Zu Zu Zu Zu Quinn

Zach Quinn

Name _____

BB PP RR

B   B   B   B

P   P   P   P

R   R   R   R

Paul Brian Roe's present

Pa   Pa   Paul

Br   Br   Brian

Ro   Ro   Roe

Paul Brian Roe

D D L L

D   D   D   D

L   L   L   L

D   D   L   L

Do   Do   Do   Donna

La   La   La   La   Lang

Donna Lang

Donna Lang's desk

S S G G

S S S S

G G G G

S S G G

Sa Sa Sa Sa Sam

Sam Gamble's glove

Ga Ga Ga Gamble

Sam Gamble

$\mathcal{F}$ $\mathcal{F}$ $\mathcal{F}$ $\mathcal{F}$

$\mathcal{F}$ $\mathcal{F}$ $\mathcal{F}$ $\mathcal{F}$

$\mathcal{F}$ $\mathcal{F}$ $\mathcal{F}$ $\mathcal{F}$

Tia Ford's family

$\mathcal{F}$ $\mathcal{F}$ $\mathcal{F}$ $\mathcal{F}$

$\mathcal{F}i$ $\mathcal{F}i$ $\mathcal{F}i$ $\mathcal{F}i$ $\mathcal{F}ia$

$\mathcal{F}o$ $\mathcal{F}o$ $\mathcal{F}o$ $\mathcal{F}o$ $\mathcal{F}ord$

Tia Ford

25

I I J J

I I I I I

J J J J

I I I J J

Ia Ia Ia Ia Ian

Je Je Je Je Je Jessup

Ian Jessup's journal

Ian Jessup

MY JOURNAL

Ian Jessup

Name _____

Trace and write the uppercase letters.

A   B   C

D   E   F

G   H   I

J   K   L

M   N   O

O   P   Q

R   S   T

U   V   W

X   Y   Z

Name _____

Trace and write the numbers and number words.

0	- - - - - - - -	zero	- - - - - - - -
1	- - - - - - - -	one	- - - - - - - -
2	- - - - - - - -	two	- - - - - - - -
3	- - - - - - - -	three	- - - - - - - -
4	- - - - - - - -	four	- - - - - - - -
5	- - - - - - - -	five	- - - - - - - -
6	- - - - - - - -	six	- - - - - - - -
7	- - - - - - - -	seven	- - - - - - - -
8	- - - - - - - -	eight	- - - - - - - -
9	- - - - - - - -	nine	- - - - - - - -
10	- - - - - - - -	ten	- - - - - - - -

Name _____

Trace and write the days of the week.

Sunday

Monday

Tuesday

Wednesday

Thursday

Friday

Saturday

Sunday
Monday
Tuesday
Wednesday
Thursday
Friday
Saturday

Name _____

Trace and write the months of the year.

January

February

March

April

May

June

July

August

September

October

November

December

Name _____

Trace and write the names of the planets.

Mercury

Venus

Earth

Mars

Jupiter

Saturn

Uranus

Neptune

31

Name